MINISTÈRE DE L'INTÉRIEUR.

INSTRUCTION

RELATIVE

A L'EXÉCUTION DES LOIS

CONCERNANT

LES MINES, USINES ET SALINES.

INSTRUCTION

RELATIVE

A L'EXÉCUTION DES LOIS

CONCERNANT

LES MINES, USINES

ET SALINES.

A PARIS,

DE L'IMPRIMERIE DE BOSSANGE, MASSON ET BESSON,

AN XI. — MDCCCIII.

INSTRUCTION

RELATIVE à l'exécution des Lois concernant les Mines, Usines et Salines.

---

§. 1er. *Généralités.*

La loi du 28 juillet 1791 a distingué les substances minérales qui ne doivent être exploitées qu'en vertu de concession et d'autorisation formelle du gouvernement, de celles de ces substances pour lesquelles cette autorisation n'est pas nécessaire.

Les substances minérales qui, par leur nature, sont d'une importance majeure pour la société, et dont la disposition la plus ordinaire, et l'état de mélange ou de combinaison auquel elles se présentent, nécessitent, pour leur extraction et pour leur traitement économique, l'application des méthodes minéralurgiques, ou de grands moyens mécaniques qui ne sont pas à la portée de tous les citoyens, ou bien encore une consommation considérable de combustibles, sont comprises dans l'article Ier. de la loi du 28 juillet 1791. Les mines de fer seulement sont exceptées ; les dispositions qui y

Loi du 28 juillet 1791, art. 1er. et 2e.

Distinction des substances minérales dont l'extraction est sujette à l'autorisation du gouvernement, et de celles dont l'extraction peut se faire par les propriétaires sans autorisation.

A

sont relatives, sont traitées séparément dans le titre II de cette loi.

Loi de 1791, art. 1er.

Ainsi, tous les métaux, tous les combustibles fossiles (excepté les tourbes), les bitumes, les mines de sel, les sources salées, les terres ou pyrites susceptibles d'être traitées pour en séparer les substances salines ou le soufre, et autres du même genre, ne doivent point être exploités sans une autorisation formelle du gouvernement.

Les propriétaires des terrains ne peuvent pas exploiter sans l'autorisation du gouvernement.

Les propriétaires même des terrains sont soumis à cette règle générale, et la jouissance qui leur est attribuée des substances minérales qui peuvent se trouver dans leur terrain, *jusqu'à cent pieds de profondeur*, n'empêche pas qu'ils n'y soient soumis, puisque toutes les substances minérales ci-devant énoncées, *sont à la disposition de la nation, et ne peuvent être exploitées que de son consentement, sous sa surveillance, et en vertu d'une autorisation expresse, qui n'est accordée qu'après l'exécution des formalités prescrites par la loi.*

Loi de 1791, tit. Ier. article 1, 3 et 10.

Les sables, craies, argiles, marnes, *terres ou cendres vitrioliques employés comme engrais*, les tourbes (1), les pierres à chaux et à plâtre, pierres à bâtir, marbres, ardoises, peuvent être exploités par les propriétaires des terrains, sans autorisation spéciale du gouvernement, en se soumetant aux lois et règlemens

Substances minérales qui peuvent être exploitées par les propriétaires des terrains, sans autorisation du gouvernement.

----

(1) Voyez la lettre du Ministre de l'Intérieur sur les tourbières.

(3)

relatifs aux carrières ; et si d'autres que les propriétaires des terrains veulent les exploiter, ce
ne peut être que de leur consentement, à moins
d'une nécessité publique reconnue indispensable ; et dans ce cas même, on leur doit l'indemnité, non-seulement du dégât fait à la
surface, mais aussi de la valeur des matières
extraites, soit de gré à gré, soit à dire d'experts. Loi de 1791, tit. Ier. ar-
ticle 2.

Le Conseil des Mines a le droit d'exercer sa
surveillance sur l'extraction de ces divers ob-
jets ; il en réfère au Ministre de l'Intérieur. Arrêtés du
comité de
salutpublic,
des 13 et 18
messidor an
2, confirmés
par la loi du
30 vendé-
miaire an 4.

§. 2e. *Du mode suivant lequel le Gouverne-*
ment confère le droit d'exploiter les subs-
tances minérales.

Le droit d'exploiter est accordé, par le gouvernement, sous le titre de *concession* ou de
permission.

Les *concessions* ont lieu pour les établissemens qui nécessitent la détermination d'une
certaine enceinte de terrains, dans laquelle le
concessionnaire a la faculté exclusive d'exploiter le minéral, comme les mines de houille et
autres espèces de minéraux ; elles emportent
souvent l'établissement d'usines pour le traitement des minerais, comme pour les mines de
plomb, de cuivre, d'argent, etc.

Les mines de fer sont soumises à des dispositions particulières. (Voyez §. 7e.)

Les *permissions* s'appliquent à la création

A 2

d'usines où les substances minérales sont pré-
parées , et qui ne nécessitent pas la détermination d'une enceinte pour leur extraction, telles
que les forges , les fonderies communes , etc.

§. 3ᵉ. *Formalités à remplir pour que les concessions ou permissions puissent être accordées.*

*Loi de 1791,
tit. Iᵉʳ. arti-
cle 8.*

Les mêmes formalités sont exigées pour l'obtention, soit des *concessions* , soit des *permissions* , et elles ont lieu également pour le renouvellement des unes et des autres, ou pour
leur prolongation.

Idem.

Les demandes doivent être adressées au préfet du département. Elles doivent exposer la
désignation précise du lieu de la mine ou de
l'établissement de l'usine, de sa consistance,
la nature du minerai à extraire, l'état auquel
les produits seront livrés au commerce, les
lieux d'où on tirera les bois d'étançonnage et
les combustibles qu'on se propose d'employer,
l'indication des prises et cours d'eau qui seraient
nécessaires : si c'est pour une *concession* , l'é-
poque de la durée demandée doit être exprimée;
on doit joindre un plan authentique de son
étendue , qui offre ses limites déterminées , le
plus possible , par des lignes droites d'un point
à un autre , en observant de s'arrêter de préférence à des objets immuables. Ce plan doit être
fait double , pour qu'un exemplaire reste à la

préfecture, et que l'autre soit déposé aux archives du Conseil des mines.

Le préfet ordonne l'affiche et la publication de la demande aux chefs-lieux du département et de l'arrondissement, à celui du domicile du demandeur, et dans toutes les communes que cette demande pourrait intéresser. Ces affiches et publications tiennent lieu d'interpellation aux propriétaires des terrains, pour déclarer s'ils veulent exploiter, ainsi qu'à toutes personnes qui auraient intérêt et droit de s'opposer à la concession ou permission. Par là, elles sont mises en état de former opposition, dans le délai prescrit par la loi, à ce qu'elles soient accordées. Ces oppositions doivent être faites par pétition, remise et enregistrée au secrétariat de la préfecture. On peut en adresser des *duplicata* au Ministre de l'Intérieur, au Conseil des mines et aux sous-préfets.

Loi du 13 pluv. an 9, art. 1, 2, 3.

Les affiches et publications sont faites à la diligence du préfet, et les pétitionnaires ne peuvent se charger de l'exécution de ces formalités.

Elles doivent avoir lieu devant la porte de la maison commune, un jour de décadi, et y être répétées trois fois, de décade en décade, dans le cours du mois qui suit immédiatement la demande. Leur exécution doit être constatée par des certificats détaillés et circonstanciés des maires et adjoints des communes.

Ce n'est qu'un mois après les dernières af-

Loi du 13

pluv. an 9, art. 4. fiches et publications, que le préfet doit prononcer sur la demande.

Loi de 1791, tit. Ier, article 8. Il est nécessaire qu'avant de prononcer, ce magistrat soit éclairé de l'avis des sous-préfets des arrondissemens où les affiches et publications ont eu lieu, et des autres arrondissemens même que la demande pourrait intéresser, ou des maires et adjoints, à défaut de sous-préfet.

Idem, article 9. Il doit aussi prendre l'avis de l'ingénieur ou inspecteur des mines, s'il en existe dans le département; celui du conservateur forestier, si l'établissement proposé peut donner lieu à l'emploi ou consommation des bois.

Le préfet se fait représenter les pétitions et les plans relatifs à la demande, les certificats en forme de publications et affiches à chacun des lieux indiqués, les oppositions, s'il y en a eu sur la demande. Il vise le tout; fait connaître les ressources que les localités présentent pour assurer l'activité et la prospérité de l'établissement demandé; il discute les avantages ou les inconvéniens; donne son opinion sur la

Id. tit. Ier art. 9 et 1 /. validité ou non des oppositions, sur les moyens personnels des demandeurs, et le degré de confiance qu'ils peuvent mériter aux yeux du gouvernement, pour livrer à leur intelligence et à leur sagesse cette portion de la fortune publique.

L'arrêté, pris en conséquence de ces diverses considérations, exprimera les noms, prénoms, qualité et demeure du pétitionnaire; et lorsqu'il

porte concession ou permission, il désignera le
lieu de la mine ou de l'usine, leur espèce, leur
consistance, le temps de la durée de la concession ou de la permission, l'étendue de la concession, en indiquant ses limites d'une manière
précise et claire; il énoncera le renvoi au Ministre de l'Intérieur, pour être soumis à l'approbation nécessaire du gouvernement, avant
qu'il puisse être exécuté.

Cet arrêté doit être adressé au Ministre de
l'Intérieur avec les pétitions, plans, certificats
d'affiches et publications, avis, oppositions,
et pièces à l'appui, afin que le Ministre puisse *Loi de* 1791,
en proposer au gouvernement, s'il y a lieu, *art.* 7.
l'approbation.

§. 4e. *Conditions nécessaires pour qu'il y ait*
lieu à accorder les concessions ou permis-
sions, pour l'exploitation des substances
métalliques et des substances minérales.

Les conditions nécessaires pour qu'il y ait
lieu à accorder les concessions ou permissions,
sont les suivantes :

1°. L'existence reconnue du minéral à extraire ou à traiter ; la connaissance de la disposition des couches, amas, ou filons; l'exposition
d'un plan d'exploitation le plus utile, et la sou-
mission à l'exécution de ce plan ;

2°. La certitude des moyens d'exploitation *Id. tit.* Ier,
offerts par les localités, sans nuire à des éta- *art.* 9.
blissemens antérieurement en activité ;

A 4

Loi de 1791,
tit. Ier. ar-
ticle 10.

3°. La faculté d'asseoir son exploitation sur une étendue de terrain suffisante, pour qu'elle se fasse par les moyens les plus économiques;

4°. La connaissance des débouchés qui doivent assurer la prospérité de l'entreprise;

Id. tit. Ier.
art. 9.

5°. Une intelligence active de la part des demandeurs, et la justification des facultés nécessaires pour entreprendre une bonne exploitation; une moralité et un crédit sur lesquels la confiance du gouvernement puisse reposer, et qui ne laissent pas craindre que les concessions ou permissions obtenues deviennent un moyen d'agiotage, et soient plutôt des titres employés pour tendre des pièges à la bonne foi, que pour former des établissemens utiles.

§. 5e. *En cas de concurrence entre les demandeurs, à qui doit être accordée de préférence la concession ou permission?*

La préférence doit être accordée,

Id. tit. Ier.
art. 3 et 10.

1°. Au propriétaire de terrain à moyens égaux d'exploitation, c'est-à-dire, si sa propriété seule, ou réunie à celle de ses associés, est suffisante pour asseoir une exploitation utile; s'il se soumet à exploiter aux mêmes clauses et conditions imposées aux autres demandeurs en concession, et si le propriétaire a d'ailleurs en sa faveur les conditions prescrites par l'article 9 (1);

---

(1) Il est nécessaire d'observer que cette préférence, en faveur

2º. Après le propriétaire du terrain , et toujours à moyens égaux d'exploitation , la préférence est due à celui qui aurait découvert la mine ;

Mais il faut observer qu'on ne doit considérer comme découvertes , en fait de mines , que celles qui font connaître , non seulement l'existence de la substance minérale , mais aussi la disposition des amas , couches ou filons , de manière à démontrer l'utilité de leur exploitation ;

3º. Lorsqu'il s'agit du renouvellement de concessions dont le terme est expiré , ou doit expirer dans peu de temps , les anciens concessionnaires , qui ont bien fait valoir l'intérêt public qui leur a été confié , doivent avoir la préférence sur tous autres. Cependant, aux termes des articles 10 et 19, titre Ier. de la loi de 1791 , les propriétaires de terrains , qui se présenteraient à moyens égaux d'exploitation , et qui rempliraient les conditions prescrites par les articles 9 et 10, peuvent avoir la préférence; *Loi de 1791, tit. Ier. articles 10, 19.*

4º. Enfin , à moyens égaux d'exploitation , le premier demandeur en date doit avoir la préférence. *Id. tit. Ier. art. 5.*

---

des propriétaires , n'a pas lieu à l'égard des habitans des communes collectivement. La loi du 10 juin 1793, section Iere. art. 9, a mis en réserve les productions minérales , d'une utilité générale , soit pour la commune , soit pour la république.

§. 6ᵉ. *De l'étendue des concessions.*

Loi de 1791, tit. Iᵉʳ. article 5.

Le *maximum* accordé par la loi est de cent vingt kilomètres carrés.

On sent qu'il est très-rarement nécessaire d'accorder une aussi grande surface ; que le plus souvent même il est préférable de n'accorder que des concessions d'une étendue beaucoup moindre, et qu'enfin, dans les départemens où les exploitations sont nombreuses, ce serait une monstruosité révoltante et destructive de l'industrie, qu'une concession de cette étendue.

Il ne peut pas être établi de règle générale à cet égard ; c'est la disposition des substances minérales, ce sont les convenances locales qui doivent seules déterminer : il faut que l'établissement qui se forme, ait tous les moyens possibles de prospérer, sans occuper inutilement une trop grande surface.

Les inspecteurs et ingénieurs des mines qui se trouveront à portée de faire aux préfets des rapports sur les demandes en concession, les mettront à même de résoudre ces questions avec succès, et même avec satisfaction et avantage pour les demandeurs, parce qu'ils indiqueront les limites les plus favorables à l'entreprise, en raison de la disposition des substances minérales à exploiter.

En général, il est à désirer que les plans joints

aux demandes en concession, présentent, autant qu'il est possible, les directions, puissances, et diverses dispositions connues des substances minérales à exploiter. Par ce moyen, le gouvernement serait mieux éclairé sur ce qui doit être déterminé relativement aux limites des concessions, sur le mode d'exploitation qu'il convient d'indiquer aux concessionnaires; et on ne verrait plus, comme on l'a vu trop souvent, des sociétés formées pour exploiter des mines qui n'existaient pas, ou dont l'existence n'étaient pas suffisamment reconnue.

Toute la surface d'une concession doit être contiguë.

On ne peut pas accorder une concession sur des terrains séparés, dont les surfaces ajoutées, n'excéderaient même pas le *maximum* accordé par la loi. On sent que, s'il en était autrement, avec une seule concession, on pourrait s'étendre sur toute une contrée; ce qui, en s'opposant à l'établissement de toute autre exploitation, donnerait lieu, tout au plus, à de mauvaises extractions superficielles, qu'il est de l'intérêt de la société de ne pas permettre, parce qu'elles sont, en général, beaucoup plus nuisibles et dangereuses, qu'utiles.

Mais plusieurs concessions peuvent être limitrophes, et une même société, un même concessionnaire peut avoir plusieurs concessions, pourvu que toutes soient en activité d'exploitation.

La surface d'une concession doit être contiguë.

Lettres du Ministre de l'Intérieur, *des 14 ventôse et 21 floréal an 4.*

Un même concessionnaire peut avoir plusieurs concessions, même limitrophes.

Les anciennes concessions dont l'étendue excède le *maximum* accordé par la loi, doivent être réduites, en retranchant, sur la désignation des concessionnaires, les parties les moins essentielles à leurs exploitations.

Ces réductions, lorsqu'elles ont été arrêtées par le préfet, doivent être adressées au Ministre de l'Intérieur, lequel les propose à l'approbation du gouvernement, s'il y a lieu (1).

§. 7ᵉ. *De la durée des concessions et des permissions.*

Il ne peut être accordé de concession relativement à l'exploitation des substances minérales, pour une durée plus longue que celle de cinquante années. Mais cette durée peut aussi quelquefois être plus courte ; ce sont les circonstances locales, la nature des minerais, la profondeur à laquelle on doit les extraire, et les dépenses auxquelles les entrepreneurs auront à se livrer pour les travaux d'exploitation qui doivent déterminer la durée des concessions demandées.

Les concessions ou permissions accordées antérieurement à la publication de la loi du

____

(1) Les permissions pour établir des usines n'emportent point la détermination d'une enceinte exclusive, parce que celles qui ont pour objet d'autres métaux que le fer, se trouvent autorisées par la concession, et que pour le fer, la permission d'établir une usine, emporte le droit de prendre des minerais à sa portée.

28 juillet 1791, qui ont pour objet principalement l'extraction des minerais, ne peuvent être valides au-delà de cinquante années, à partir de la publication de cette loi.

Les permissions pour l'établissement de usines à traiter le fer, ou pour la préparation des substances salines, ainsi que pour les verreries, s'accordent ordinairement pour un temps illimité.

Fonderies et usines à traiter le fer, salines, verreries.

Il est des circonstances, cependant, qui peuvent motiver la détermination d'un terme à leur durée, telles que l'état ou la durée probable des forêts, ou des masses de combustibles fossiles qui doivent les alimenter, l'utilité de laisser à des époques connues, ou en temps de guerre, leurs minerais à d'autres établissemens, dont une plus grande activité devient alors généralement plus avantageuse ou indispensable.

Il pourrait être accordé aussi des permissions pour l'établissement de fonderies, où on traiterait des minerais de plomb, d'argent, de cuivre, etc., qui auraient été extraits de mines voisines concédées à divers particuliers qui n'auraient point ou ne pourraient point avoir de fourneaux de fusion. Ces fonderies offriraient, dans ce cas, un moyen de tirer parti des minerais qui seraient restés négligés sans cette ressource, tels que les minerais d'alluvion, ou ceux en amas épars à la surface ou à peu de profondeur.

Fonderies communes pour le traitement des métaux autres que le fer.

Les lois sur les mines n'ont rien dit à cet

égard ; mais cette mesure utile ne contra-rierait point ce qu'elles prescrivent, pourvu que le gouvernement, avant de prononcer sur l'établissement de ces fonderies, fût éclairé sur leur utilité, et sur les moyens d'assurer leur activité, sans nuire à d'autres établissemens, ni à la consommation des habitans.

Avis des administra-tions.

§. 8. *Des permissions pour établissement d'usines à traiter le fer.*

Loi de 1791, tit. II, art. 1, 2, 3, 4, 5; tit. Ier. articles 8, 9, 11 et 12. Loi du 13 pluv. an 9.

Ces demandes sont soumises aux mêmes for-malités que celles en concession de mines.

Il est évident que c'est par erreur que l'art. 3 du tit. II de la loi de 1791, renvoie aux art. 12 et 13 du tit. Ier. de cette même loi ; ce sont les art. 11 et 12 qu'il faut exécuter ; l'art. 13 ne peut être applicable aux usines à traiter le fer, comme on le verra ci-après.

Voyez à la fin de cette Ins-truction la lettre de l'archiviste du corps lé-gislatif au Ministre de l'Intérieur.

Un des objets les plus importans de l'activité de ces usines, étant la grande consommation de combustibles qu'elles occasionnent, il est toujours nécessaire de prendre sur les demandes de cette espèce, l'avis de l'administration fores-tière du lieu, afin de s'assurer si les nouvelles usines qu'on voudrait élever, ne nuiraient point à d'autres établissemens antérieurs, ou à la consommation ordinaire des habitans. Cet avis doit être joint à celui que le préfet adresse au Ministre de l'Intérieur ; avis dans lequel il vise et il discute les oppositions, s'il y en a eu pen-

Avis de l'adminis-tration fo-restière né-cessaire.

dant les deux mois d'affiches et publications, et présente les avantages ou les inconvéniens de la demande faite.

La permission obtenue d'établir une usine pour le traitement des minerais de fer, donne le droit d'en faire la recherche et l'extraction à sa portée. Cependant, les concessions légales de cette espèce qui ont eu lieu antérieurement à la publication de la loi de 1791, doivent continuer d'avoir leur effet, soit pour le terme exprimé en l'acte de concession, soit pour cinquante années seulement, à partir de la publication de la loi de 1791, si elles excédaient ce terme (1).

Loi de 1791, *tit.* II, *art.* 6. Point de concession pour les mines de fer. Les concessions faites antérieurement a la *Loi de* 1791, *ont leur effet au terme de cette Loi, tit.* Ier. *art.* 4.

Les maîtres de forges ou usines doivent, le plus possible, s'entendre avec les propriétaires des terrains, et s'arranger de gré à gré avec eux pour l'extraction du minerai, surtout dans les pays où cette substance se trouve confondue avec la terre végétale, ou tellement éparse à la surface, qu'il faille évidemment nuire à la culture ordinaire des champs pour l'obtenir.

Loi de 1791, *tit.* II, *art.* 6, 7, 8, 9.

Dans le cas, cependant, où les propriétaires se refuseraient de consentir à des conditions justes, comme l'activité des usines est un objet

Id. art. 10, 11, 12, 13, 14, 15, 16 *et* 20.

---

(1) Malgré que les dispositions du titre II de la loi de 1791, semblent s'opposer à ce qu'il soit accordé des concessions en général pour les mines de fer, on ne peut se refuser à placer ici une observation indiquée par la nature des choses ; c'est qu'il est des mines de fer, celles en grandes masses dans la profondeur, et celles en filons, dont il serait de l'intérêt général que l'exploitation fût concédée, afin d'en assurer l'exploitation plus régulière.

d'intérêt général , les maîtres de forges doivent être autorisés à faire l'extraction , en indemnisant pleinement le propriétaire à dire d'experts.

Il en est de même pour les patouillets ou lavoirs , et pour les chemins nécessaires aux débouchés des mines : ils doivent être établis de manière à ne causer aucun préjudice aux propriétés voisines , ni aux habitans des communes ; et lorsque le dommage a eu lieu , les maîtres de forges sont tenus d'indemniser les propriétaires des terrains , comme aussi de disposer le lavage des minerais , de manière que les habitans des communes n'aient pas lieu de se plaindre relativement à la qualité de l'eau dont eux ou leurs bestiaux font usage , non plus que des dépôts limoneux qui nuiraient à leurs terres ou prairies.

§. 9e. Les feux de forges , comme martinets , renardières, fours à réverbères, toutes usines qui consomment des combustibles en grand, sont sujets à autorisation du Gouvernement.

Des particuliers qui ont établi des martinets ou d'autres feux de forges , sans autorisation du gouvernement , se prévalent quelquefois de ce que le tit. II de la loi de 1791, ne paraît exiger d'autorisation que pour les fonderies ou usines dans lesquelles on traite les minerais de fer.

Il importe de se prémunir contre ces moyens d'éluder les lois.

D'abord

D'abord, il n'est pas constant que la loi de 1791 ne porte que sur l'établissement des fonderies. Les expressions de l'article 4 du tit. II, sont applicables à toutes autres espèces d'usines que des fonderies ; mais d'ailleurs les anciennes lois forestières, non abrogées, sont positives à cet égard.

Loi de 1791, tit. II, art. 4. Lois forestières, 1629, etc.

§. 10ᵉ. *Des usines où se traitent les substances salines.*

Lois forestières.

Nous entendons parler ici, non-seulement des usines dans lesquelles on obtient le sel commun (muriate de soude), mais de celles aussi où on traite les autres espèces de sels et les acides obtenus directement des matières minérales extraites du sein de la terre, et qui nécessitent une grande consommation de combustibles.

Loi de 1791, tit. 1ᵉʳ. Arrêté du Conseil des Cinq-Cents, 20 frimaire an 7.

Les demandes relatives à tous ces établissemens sont sujettes aux mêmes formalités que les demandes en concessions de mines.

Loi du 13 pluv. an 9.

Elles sont susceptibles de la détermination d'une enceinte exclusive pour l'épuisement des eaux salées, ou pour l'extraction des substances à traiter.

L'avis de l'administration forestière est nécessaire, et comme l'économie des combustibles, dans ces opérations, est une considération majeure d'économie politique, il ne faut admettre leur emploi qu'au degré de saturation

Avis de l'administration forestière.

B

des eaux qui ne puissent plus être concentrées par d'autres moyens, et astreindre les demandeurs à employer des combustibles minéraux, lorsque les circonstances locales en offrent la possibilité.

Ces établissemens peuvent être ou n'être pas limités pour le temps de leur activité, suivant les ressources que présentent les localités.

§. 11e. *La suppression de fonderies ou usines, ou leurs transformations en d'autres ateliers, doit être autorisée par le Gouvernement.*

La suppression d'une fonderie ou de toute autre usine à feu, leur déplacement ou leur changement en d'autres usines, l'accroissement ou la diminution du nombre de leurs feux, intéressent l'ordre public sous plusieurs aspects importans, et ne doivent point avoir lieu sans l'approbation du gouvernement.

Il conviendrait donc, lorsqu'il doit y avoir cessation d'activité, que les préfets en fussent prévenus six mois d'avance ; lorqu'il s'agit de changer la consistance de l'usine ou son genre d'activité, de manière à accroître la consommation des combustibles, ou l'état des cours d'eau, il conviendrait encore de remplir les mêmes formalités que pour les demandes d'établissemens de cette espéce, afin d'obtenir les renseignemens qui peuvent intéresser les particuliers ou la chose publique, pour soumettre le tout au gouvernement, afin qu'il pût accorder ou refuser les changemens projetés, suivant l'exigence des cas.

§. 12ᵉ. *Des permissions provisoires.*

Les concessions des mines ne devant jamais être accordées que lorsque l'existence du minerai à exploiter, et la possibilité d'une entreprise avantageuse, sont reconnues, il a paru utile souvent d'encourager des recherches, et de soutenir l'activité des travaux déjà entamés sur des filons ou amas de substances minérales, en attendant que les formalités voulues par la loi fussent remplies, ou que des discussions existantes fussent terminées.

Les permissions provisoires atteignent heureusement ce but. Aucune loi n'a indiqué cette mesure, qui est consacrée par l'usage, et appuyée sur une longue expérience qui en a démontré l'utilité.

Les permissions provisoires sont accordées par le Ministre de l'Intérieur, sur l'avis du Conseil des mines, celui du préfet préalablement pris.

Leur terme est d'une année au plus.

Elles n'autorisent les travaux qu'autant qu'ils ont lieu de gré à gré avec les propriétaires des terrains.

Elles ne portent, par conséquent, sur aucune enceinte exclusivement déterminée.

Ce n'est qu'un acte préparatoire, mais qui cependant conserve une antériorité et un titre provisoire à celui qui fait des recherches, et qui consacre des capitaux à des découvertes utiles et presque toujours fort dispendieuses; ou à celui qui, ayant déjà découvert, est obligé, par des circonstances qui lui sont étrangères, d'attendre une autorisation plus formelle du gouvernement.

Les permissions provisoires ne peuvent être accordées que pour des recherches de mines, et non pour l'établissement des usines.

§. 13e. *De la publicité des concessions.*

Loi de 1791, tit. Ier. art. 12 et 13.

Les préfets de départemens doivent rendre publiques, par affiches et proclamations, les concessions ou permissions accordées par le gouvernement.

Ces affiches et publications sont faites dans tous les lieux que ces nouvelles entreprises peuvent intéresser.

§. 14e. *Des droits des concessionnaires ou permissionnaires.*

Le titre de concession, accordé par le gouvernement pour l'exploitation des substances minérales, confère la faculté exclusive de faire, dans l'étendue de la concession, tous les travaux de recherche et d'extraction pour l'objet

dont l'exploitation est concédée, et non pour
d'autres; car, si une autre substance minérale
y était connue, ou qu'elle y fût découverte,
même par les travaux des concessionnaires, ils
ne pourraient l'exploiter qu'en vertu d'une autorisation spéciale, pour l'obtention de laquelle
ils auraient à remplir les mêmes formalités que
pour les concessions ordinaires.

Les concessions ou permissions donnent aussi
le droit d'appliquer aux travaux d'extraction
des substances minérales, qui font l'objet des
concessions ou permissions, les cours d'eau
qui se trouvent à leur portée, ou qui peuvent
être amenés sur ces établissemens sans nuire à
l'usage des habitans, aux usines préexistantes,
à des navigations établies, aux moyens de for-
tifications des places, ni à l'agriculture.

Loi de 1791, tit. Ier. ar-ticle 25.

Les concessionnaires ou permissionnaires
peuvent, en conséquence, ouvrir des canaux
souterrains ou à découvert, les étendre même
hors de l'enceinte de leurs concessions, pourvu
qu'ils n'y pratiquent pas d'exploitation; établir
des étangs ou retenues d'eau; construire et
élever toutes digues ou écluses nécessaires, en
indemnisant, qui de droit, des dégâts et non
jouissance que ces établissemens occasionne-
raient.

Ils ont le droit d'établir des laveries, des patouillets, d'élever des fourneaux, soit pour le
grillage des minerais, soit pour la fusion ou

l'épuration des métaux , soit pour la concentration des eaux salées.

Les concessionnaires ou permissionnaires jouissent des produits de l'exploitation des mines et usines qui sont confiées à leur activité , et ils disposent à leur gré des substances obtenues.

Lorsqu'il y a lieu à la prorogation des concessions ou permissions , les concessionnaires ou permissionnaires en activité d'exploitation ont la préférence sur tous autres demandeurs (excepté les propriétaires dans le cas de l'article 10, titre Ier.), pourvu qu'ils aient bien fait valoir la chose publique qui leur était confiée ; mais dans le cas où , soit par abandon volontaire , soit par suite de déchéance , ou renouvellement de concession ou permission , d'autres citoyens auraient été mis en possession de leur exploitation , les concessionnaires sortans ont droit à être remboursés de la valeur des machines , étais et travaux restans qui seraient reconnus utiles à l'exploitation future.

§. 15e. *Devoirs des autorités envers les concessionnaires ou permissionnaires.*

C'est une des fonctions importantes des préfets et des autres autorités locales, de veiller et de s'opposer, en ce qui concerne leurs attributions , à ce qu'il ne soit porté aucune atteinte à l'activité des exploitations de mines ou usines autorisées par le gouvernement.

Il n'est que trop commun de voir ces établissemens rester paisibles et tranquilles, tant qu'ils ne présentent que de grandes dépenses et des difficultés à vaincre ; mais bientôt devenir l'objet de l'envie et de la cupidité la plus effrénée, dès qu'ils sont susceptibles de procurer quelques avantages à ceux qui les ont créés à grands frais.

Cependant rien n'est plus pernicieux aux manufactures en général, et notamment aux exploitations de ce genre, que les discussions contentieuses, et c'est contribuer sûrement à la prospérité du commerce, de l'industrie, et à la gloire nationale, que d'écarter ces objets d'inquiétude et de ruine pour les entrepreneurs.

L'article 3 du titre Ier. de la loi de 1791, a été bien souvent le motif d'atteintes portées aux droits des concessionnaires : il a été même trop fréquemment admis par les autorités locales, qui ne considéraient cet article que pris isolément, et sans le combiner avec les expressions de l'art. Ier., desquelles il résulte clairement que les mines sont à la disposition de la nation, et ne peuvent être exploitées que du consentement et sous la surveillance du gouvernement ; et avec l'article 10 de ce même titre, qui détermine le cas où le propriétaire doit avoir la préférence sur tous autres demandeurs en concession.

§. 16e. *Des devoirs des concessionnaires ou permissionnaires.*

Ils sont obligés à extraire et traiter les substances minérales, dont l'exploitation leur est confiée, suivant le mode le plus avantageux à la société, et ce mode est aussi le plus profitable pour eux, à raison de la longue durée des concessions.

Arrêtés du comité de salut public, des 13 et 18 messidor an 2.

Loi du 28 juillet 1791, art. 1.

Ils doivent exécuter les réglemens ou instructions qui leur seraient transmis par le gouvernement ; accompagner ou faire accompagner, par leurs directeurs, les inspecteurs ou ingénieurs, chargés par le Conseil des mines de la visite de leurs établissemens ; conférer avec eux sur leurs opérations et leurs procédés, les consulter dans les circonstances difficiles, et recevoir d'eux les avis qui peuvent tendre à l'amélioration de leurs pratiques. C'est par une confiance réciproque, et par le concours des lumières et de l'expérience des ingénieurs des mines et des exploitans, que l'art fera des progrès certains qui tourneront directement au profit des exploitans.

Id. tit. Ier. art. 14.

Les travaux des concessionnaires ou permissionnaires doivent être mis en activité au plus tard six mois après la concession ou permission obtenue du gouvernement, et ils doivent être suivis constamment et sans interruption avec cette activité éclairée qui prépare et assure les succès.

Les concessionnaires ou permissionnaires sont tenus de payer exactement aux propriétaires des terrains superficiels, ou autres citoyens auxquels il pourrait en être dû, les indemnités fixées par la loi, suivant la nature et le mode de leur exploitation.

Indemnités.

Savoir :

1°. Conformément à l'article 2 du titre Ier., pour ceux qui extraient les substances fossiles qui y sont exprimées, et pour lesquelles il est dû indemnité, tant du dommage fait à la surface, que de la valeur des matières extraites ;

Loi de 1791, tit. Ier.

2°. Conformément aux articles 20, 21 et 22 du même titre, pour ceux qui exploitent les substances minérales dont l'extraction est sujette à concession ou permission ;

3°. Et enfin, suivant le mode prescrit par les articles 7, 8, 9 et suivans du titre II pour les propriétaires ou chefs d'usines établies pour le traitement du fer.

Les fouilles des exploitans ne peuvent avoir lieu dans les enclos murés, les cours, jardins, prés, vergers et vignes *attenant aux habitations,* dans une distance de trois cent quatre-vingt-dix mètres, que du consentement des propriétaires de ces fonds, lesquels ne peuvent jamais y être contraints.

Id. tit. Ier. art. 23.

Les concessionnaires ou permissionnaires sont personnellement responsables des faits de leurs directeurs, ouvriers ou employés.

Id. art. 24.

Une des obligations des exploitans, et à la-

Id. art. 26.

quelle il est le plus nécessaire de les atteindre pour leur propre avantage, la sûreté de leurs travaux et la conservation des mines, c'est l'envoi au Conseil des mines, des plans des ouvrages existans et des travaux faits dans l'année.

Il est encore d'intérêt public de ne leur pas laisser négliger l'envoi, au Conseil des mines, des états de produits de leurs exploitations chaque trimestre, et celui des ouvriers employés.

Enfin, l'acquittement des charges publiques est un devoir sacré pour tous les membres de la société. Si les exploitans et les chefs d'usines veulent être soutenus, garantis, encouragés, éclairés même par les soins du gouvernement, sous le point de vue des perfectionnemens dont leurs travaux sont susceptibles, il est de toute justice qu'ils participent aux dépenses publiques, d'une portion de leur gain. Les impositions générales dont ils sont chargés par les anciennes lois *non abrogées*, les rétributions non féodales, résultantes des conditions de leurs titres, et auxquels ils se sont soumis en l'acceptant, celles qui existeraient à l'avenir en vertu de nouvelles lois, doivent être acquittées avec exactitude : à cet égard aussi, il doit être apporté la plus grande attention aux réclamations des établissemens, dont la position momentanée mériterait des modérations ou une entière décharge, soit qu'ils aient éprouvé accidentellement des pertes, soit qu'ils établissent

de grands travaux ou des machines dispendieuses, soit enfin que la nature de la mine ne
réponde pas aux dépenses faites pour son exploitation.

§. 17e. *De l'abandon des exploitations.*

Lorsque les concessionnaires ou permissionnaires renoncent à l'usage du titre que leur a
conféré le gouvernement, ils sont tenus d'en
donner avis au préfet du département, trois
mois avant l'abandon.

Cet avis doit être aussitôt transmis au Conseil
des mines, afin qu'il charge un ingénieur de
constater, par des procès-verbaux et des plans,
l'état de l'exploitation et des usines dont on an-
nonce l'abandon prochain, et qu'il propose au
gouvernement les mesures les plus convenables
à l'intérêt public.

Dans tout état de choses, un double des procès-verbaux et des plans doit être déposé aux
archives du département, et un autre à celles
du Conseil des mines, pour y recourir au be-
soin.

Si l'exploitation est continuée par de nou-
veaux concessionnaires ou permissionnaires,
ils paient aux anciens seulement la valeur des
bâtimens, machines et travaux utiles à la con-
tinuation de l'exploitation.

Loi de 1791,
tit. Ier. *ar-*
ticles 16, 17.

Id. tit. Ier.
art. 17 *et* 18.

§. 18e. *Des déchéances.*

Loi de 1791, tit. 1er. article 14.

Il y a lieu à prononcer la déchéance des concessions ou permissions,

1°. Si les travaux ne sont pas mis en activité, au plus tard six mois après la concession ou permission accordée par le gouvernement,

Id. art. 15. 2°. S'il y a eu cessation de travaux pendant un an.

Il y a exception à l'application de cette mesure, lorsqu'il y a cause légitime de retard ou de cessation de travaux, reconnue par le préfet, sur l'avis du sous-préfet de l'arrondissement.

Il faut observer qu'on ne doit pas considérer comme un état d'activité le travail de quelques ouvriers, seulement entretenus sur des travaux préparatoires. Les autorités locales sont chargées de veiller à ce qu'il y ait une activité effective, et tendante, avec la célérité convenable, au but de la concession ou de la permission accordée.

On a vu des concessions tombées entre les mains d'hommes plus livrés aux spéculations mercantiles sur la vente des actions, qu'à des projets d'exploitation, rester long-temps sans activité réelle, et être, par conséquent, non-seulement inutiles à la société, mais dangereuses, par l'agiotage dont elles sont le prétexte.

(29)

Dans tous les cas, soit qu'il y ait lieu à la déchéance, soit qu'il y ait excuse légitime, suivant l'avis des autorités locales, le préfet du département, après avoir prononcé, doit transmettre ces affaires au Ministre de l'Intérieur avec les pièces relatives, afin qu'il puisse les soumettre à l'autorité du gouvernement, qui, ayant seul le droit d'accorder les concessions, a aussi évidemment seul le droit de prononcer définitivement sur leur déchéance.

3°. Enfin, il y a lieu à déchéance encore pour défaut d'exécution, dans le temps et de la manière prescrite, des diverses clauses et conditions imposées par l'acte de concession ou permission.

§. 19°. *Des successions, cessions ou transports relativement aux concessions ou permissions.*

Les concessions ou permissions ayant pour objet de confier l'exploitation des matières premières d'une nécessité générale, à ceux qui sont reconnus réunir tous les moyens propres à en faire jouir la société, ces titres ne doivent pas passer en d'autres mains, sans que le gouvernement se soit assuré que les héritiers ou cessionnaires réunissent les mêmes facultés, et méritent la même confiance que les concessionnaires ou permissionnaires qu'ils remplacent.

Ainsi, il ne peut être fait aucune cession ou

Déclaration du roi, non abrogée, 24 décembre 1762, art. 4 et 5.

Arrêté du directoire exécutif, du 3 niv. an 6.

Id. art. 1.

transport, ni aucun acte translatif des droits accordés par les concessions ou permissions pour l'exploitation des mines et usines, sans l'approbation du gouvernement, conformément à l'article 8 de la loi du 28 juillet 1791.

Les héritiers, donataires, légataires ou ayans cause des citoyens pourvus de concessions ou permissions, y sont également obligés.

Arrêté du 3 niv. an 6, art. 2. — La demande de cette autorisation doit être faite devant le préfet de département dans le délai de six mois, à partir de la publication de l'arrêté pour les actes antérieurs, et ce même délai court à partir de la date de l'acte ou transport qui établit la nouvelle possession pour l'avenir.

Id. art. 4. — Les autorisations ne doivent être accordées par les préfets qu'après la justification des moyens et facultés suffisans des cessionnaires, héritiers, donataires, pour assurer l'exploitation, ainsi qu'il est prescrit par l'article 9 du titre Ier. de la loi du 28 juillet 1791, et après s'être fait représenter les actes de cession, donation, testament ou autres.

Id. art. 1.
Id. art. 3. — Les arrêtés pris par les préfets à cet égard, sont sujets à l'approbation du gouvernement : ils doivent, en conséquence, être envoyés au Ministre de l'Intérieur, avec les pièces à l'appui.

A défaut par les cessionnaires, légataires, donataires, etc., de s'être mis en règle dans le temps prescrit pour obtenir l'autorisation nécessaire, leurs travaux doivent être interdits,

comme exploitant sans permission , ni concession : ces interdictions prononcées par les préfets , doivent être soumises à l'approbation du
gouvernement.

Les préfets doivent prévenir les parties inté-
ressées de l'obligation où elles sont à cet égard ,
en leur accordant le delai suffisant.

Lorsque l'autorisation du gouvernement est
obtenue , les cessionnaires , légataires , donataires , etc. , jouissent des mêmes droits et
avantages que les concessionnaires qu'ils ont
remplacés , et sont soumis aux mêmes obligations.

Arrêté du 3 niv. an 6, art. 5.

§. 20ᵉ. *Des discussions en matière de mines
et usines.*

Loi de 1791, tit. Iᵉʳ. article 27.

Toutes discussions relatives aux indemnités
qui peuvent être dues par les exploitans aux
propriétaires des terrains superficiels , ou à
d'autres citoyens , les demandes formées contre
eux ou leurs agens , pour voies de fait ou dommages quelconques , sont du ressort des tribunaux.

Les discussions relatives aux indemnites, dommages, voies de fait sont du ressort des tribunaux.

Mais toutes contestations relatives à l'existence des concessions ou permissions, au maintien des droits des concessionnaires ou permissionnaires , à raison du titre qui leur a été conféré par le gouvernement , sont du ressort du
pouvoir administratif, qui seul a le droit d'en
connaître.

Toutes contestations ayant trait à l'existence et au maintien des concessions ou permissions , ou celles éle-vées entre

Il en est de même des difficultés qui peuvent naître entre les exploitans, relativement aux limites de leurs travaux, à leur mode d'exploitation, et aux dommages qu'ils seraient respectivement dans le cas d'en éprouver.

Il est évident que toute détermination relative au maintien des concessions et permissions, doit être prise par le gouvernement, qui seul a le droit de les accorder. Si les questions de cette nature étaient soumises aux tribunaux, le pouvoir judiciaire pourrait donc être, à cet égard, le réformateur des actes du gouvernement, et détruire, sans connaissance des motifs qui l'ont déterminé, les mesures utiles prises par lui. Cette confusion de pouvoir n'est pas compatible avec l'ordre public, ni conforme aux expressions de l'acte constitutionnel.

Il est donc conséquent aux principes, que le gouvernement prononce sur ces objets. Ce mode est aussi le plus favorable aux exploitans, parce qu'il permet de mettre fin aux discussions avec plus de célérité, et que rien n'est plus nuisible à ces établissemens que les procès, et la lenteur des formes judiciaires.

En outre, il existe un Conseil des mines institué par une loi, pour éclairer le gouvernement sur ces objets, comme sur tout ce qui a trait aux mines, d'après les rapports des inspecteurs et ingénieurs chargés de visiter les mines, et d'en faire prospérer l'exploitation.

Enfin,

Enfin, cette marche a en sa faveur l'usage de tous les temps en France, et l'exemple de tous les pays où l'administration publique s'occupe des mines et usines avec le plus de succès.

Paris, le 18 messidor ; an 9ᵉ. de la république.

Le Ministre de l'Intérieur,

CHAPTAL.

COPIE

*De la Lettre écrite par le Citoyen C a m u s,
garde des archives de la République, au
Ministre de l'Intérieur, le 3 prairial an 4.*

Citoyen ministre, vous me demandez, par
votre lettre du 28 floréal, de vérifier si ce ne
serait pas par omission de l'imprimeur, que, dans
la loi du 28 juillet 1791, concernant les mines,
on lit, titre II, article 3 : *Les formalités prescrites par les articles 12 et 13 du titre Ier.*, au
lieu de lire : *Les formalités prescrites par les
articles 11, 12 et 13 du titre Ier.* J'ai vérifié les
minutes originales et les expéditions authen-
tiques de la loi du 28 juillet 1791 ; partout le
texte est conçu de la même manière que dans
l'imprimé, c'est-à-dire, sans aucune mention
de l'article 11.

Il paraît cependant que ce défaut de mention
de l'article 11 est une omission. Voici le fait
d'où je le conclus, et ce fait indique, en même
temps, de quelle manière l'omission a pu ar-
river.

Le rapporteur de la loi du 28 juillet 1791,
fit d'abord imprimer, au mois de janvier, son
rapport avec un projet de décret divisé en deux
titres, de la même manière que le second,

l'un, *des Mines en général*, l'autre, *des Mines superficielles*, (mines de fer). L'article 17 et l'article 18 du titre Ier. s'exprimaient comme il suit : 17. « Les concessions ou permissions » qui seront demandées par la suite, seront » affichées dans le chef-lieu du domicile du de- » mandeur, ainsi que dans les municipalités que » cette demande pourra intéresser. 18. Lorsque » les concessions ou permissions auront été » accordées, elles seront rendues publiques de » la même manière ; le tout à la diligence du » procureur-syndic du département ».

L'article 19 était relatif à la détermination de l'étendue de la concession.

L'article 4 du titre second est ainsi conçu : « Toutes les formalités prescrites par les articles » 17 et 18 du titre Ier., pour la concession des » mines à exploiter, seront exécutées pour la » permission d'établir des usines ».

Ce rapport ayant été discuté le 27 mars 1791, on en adopta alors six articles. Les autres ayant donné lieu à des observations, la commission les refondit, et elle fit imprimer un nouveau projet de décret. Dans cette seconde édition, c'est l'article 11 du titre Ier. qui ordonne la publicité des demandes de concessions ; l'article 12, la publicité du fait que les concessions ont été accordées ; l'article 13, la détermination des limites de la concession.

L'article 3 du titre II est conçu comme il suit : « Toutes les formalités prescrites par les articles

» 12 et 13 du titre Ier., pour la concession des
» mines à exploiter, seront exécutées pour la
» la permission d'établir de nouvelles usines ».

Il est manifeste, en rapprochant ces divers articles, qu'on a omis dans la seconde édition du projet, le rappel de la disposition sur la publicité des demandes de concession qui était exprimée dans la première édition ; mais, malgré ces observations, il n'en est pas moins vrai que la loi a été imprimée d'une manière conforme au texte de la minute et à celui de l'expédition authentique.

Signé, CAMUS.

TABLE

DES MATIÈRES.

F I N.